）の風向き

北海道の気候

夏はすずしく、冬は寒さが
きびしい気候です。ほかの
地域にくらべると、梅雨や
台風の影響をうけにくいた
め、1年の降水量は多くあ
りません。日本の総面積の
5分の1ほどを占める広さ
があり、太平洋側、日本海
側、オホーツク海側で気候
がちがってきます。

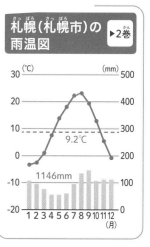

札幌（札幌市）の雨温図 ▶2巻
9.2℃　1146mm

横手

十日町

田代

野辺山　東京

内陸の気候

周囲を標高が高い山
にかこまれ、湿った風
の影響を受けにくいた
め、降水量が少なくな
ります。また、海からは
なれているので、夏と
冬の気温差や昼と夜
の気温差が大きいこと
が特徴です。

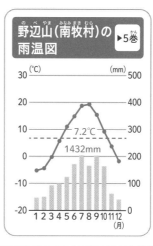

野辺山（南牧村）の雨温図 ▶5巻
7.2℃　1432mm

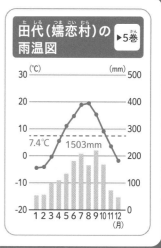

田代（嬬恋村）の雨温図 ▶5巻
7.4℃　1503mm

太平洋側の気候

夏に降水量が多く、冬は乾燥して晴天の日がつづくのが特色です。夏に南東からふく風は湿っ
ているため、蒸し暑い日がつづきます。梅雨や台風の影響をうけやすい気候です。

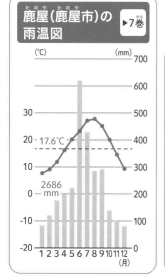

鹿屋（鹿屋市）の雨温図 ▶7巻
17.6℃　2686mm

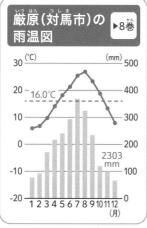

厳原（対馬市）の雨温図 ▶8巻
16.0℃　2303mm

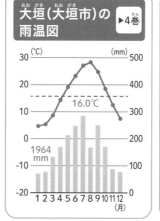

大垣（大垣市）の雨温図 ▶4巻
16.0℃　1964mm

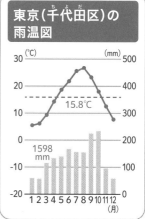

東京（千代田区）の雨温図
15.8℃　1598mm

火山とシラス台地のくらし

鹿児島県桜島・笠野原

もくじ

火山とシラス台地へ行ってみよう!

HOW TO USE
この本の使いかた

本文中に【➡P.22】【➡8巻】とある場合、関連する内容が別のページやほかの巻にあることを示しています。

グラフや表では、内訳をすべてたし合わせた値が合計の値にならないことがあります。また、パーセンテージの合計が100%にならない場合があります。これは数値を四捨五入したことによる誤差です。

データのランキングや生産量などは、数値が非公開となっている項目は入れずに作成している場合があります。

この本にでてくるマーク

コラム　読むとちょっとものしりになれるコラムを紹介しています。

 とりあげたテーマについて、くわしい人に話を聞いています。

三元豚* にくらべ　このマークがついている用語には役立つ情報を補足しています。

はじめに

　左ページ右下の写真を見てみましょう。市街地のうしろの海ごしにそびえる山は、日本有数の活発な火山である桜島です。鹿児島県の県庁所在地である鹿児島市の中心からわずか10kmのところに、毎日のように噴火をくりかえす桜島の南岳火口があります。市内どこからでも雄大な姿を見せる桜島は、市民のたいせつなシンボルですが、過去に何度も噴火で大きな被害をもたらしてきました。およそ100年前の大正時代の噴火で埋まった埋没鳥居や、一帯を埋めつくした溶岩原などを見ると、噴火のおそろしさが実感できます。また、大量の火山灰で埋まった川は、多くの雨が降るたびに土石流となっておそってきます。いっぽうで、独特の景観や温泉は、多くの観光客をひきつける資源でもあります。

　さらに、いまから約3万年前の巨大噴火では、広い範囲が厚い火砕流におおわれて、広大なシラス台地がつくられました。軽石や火山灰でできたシラス台地は、水がしみこみやすく、米づくりにはむきませんが、かわいた土地を好むサツマイモづくりや、広い土地をいかした畜産業がさかんです。火山がつくった海底地形をいかした漁業もおこなわれています。

　このように、鹿児島県の人々は、災害から身を守るくふうをしながら、火山のもたらす恵みをいかした産業をつうじて、火山とともにくらす地域をつくりあげてきました。

　東京でも工事のために地下をほると、シラス台地をつくった巨大噴火で噴出した火山灰がつもっているのを観察することができます。日本に住むわたしたちは、火山とかかわりなくくらすことはできません。火山とともに生きる鹿児島県の人々のくらしを学んで、自然とともに生きるとはどのようなことなのか、考えてみませんか。

明治大学講師　宇根 寛

活火山はどこにある?

日本は世界有数の火山国

　羽田空港（東京都）から飛行機で約2時間、鹿児島空港に着陸する直前に、大きく見えてくるのが桜島です。鹿児島湾（錦江湾）の北にあり、島の東側は大隅半島とつながっています。

　桜島は、北岳、南岳【➡P.24】を中心にいくつかの火口をもつ活発な火山です。火山とは、マグマ*1が地表に噴きだす「噴火」によってできた地形のことで、気象庁は過去1万年以内に噴火したことがある活動が活発な火山を活火山とよんでいます。日本は世界でも有数の火山国で地球上の約7%にあたる111の活火山があり、そのうち50の火山は、気象庁が24時間体制で観測、監視している常時観測火山です（2023年7月現在）。

　わたしたち人間には、噴火をとめる手段がありません。1991（平成3）年の普賢岳*2（長崎県）や2014（平成26）年の御嶽山（長野県と岐阜県の県境）の噴火では、たくさんの死傷者がでてしまいました。災害を減らすためには、噴火の予兆をとらえて避難情報などを的確に発表する必要があります。

　しかしいっぽうで、噴火によりつくられた自然景観には絶景といわれるすばらしいものが多くあります。活火山は脅威であると同時に、恵みをもたらす存在でもあるのです。

*1 地下深くの岩石がとけたもの。
*2 雲仙岳を構成する火山のひとつ。雲仙岳は、普賢岳、妙見岳など複数の火山の総称。

◀ 空から見た桜島
鹿児島市の市街地から海をはさんで約4kmのところに桜島はある。桜島には約3400人＊がくらす。

＊鹿児島市発表の「推計人口」（2023年9月1日公表）による。

日本の常時観測火山

常時観測火山は、とくに活動がさかんだったり、防災上注意が必要な火山が選ばれている。

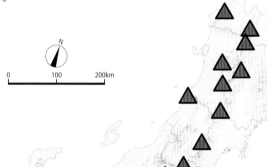

御嶽山

日本には50の常時観測火山があるんだよ！

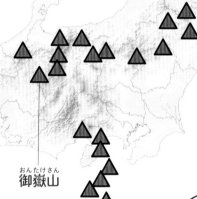

硫黄島

▼ 指宿市の山川発電所 鹿児島県の薩摩半島にあり、地下のマグマのエネルギーを使って地熱発電している。

活火山や地震が多い日本列島

地球の表面はプレートとよばれるパズルのように組みあわさった十数枚の大きな岩盤でできていて、わたしたちはその上でくらしている。日本列島に活火山や地震が多いのは、4つのプレートが押しあう境界にあるからだ。

◎「地震がわかる！」（文部科学省研究開発局 地震・防災研究課、2022年）を参考に作成。プレートの境界については諸説あるため、一部を破線で表記した。

北米プレート

ユーラシアプレート

太平洋プレート

フィリピン海プレート

大むかしの大噴火が鹿児島の大地と海をつくった？

▲ シラス台地 鹿児島県垂水市のまさかり海岸で見られる、シラス台地。約3万年前の大噴火のときに噴出した火砕流が30mもの高さでつもっている。

九州南部に分布するシラス台地

鹿児島県や宮崎県に広く分布するシラス台地は、大むかしの巨大噴火がつくった地形です。シラスとは白い砂を意味する言葉で、南九州では火砕流【➡P.9】が運んできた火山灰や軽石の地層をそうよんでいます。

いまからおよそ3万年前、南九州で巨大噴火がおこりました。ふきだしたマグマは火砕流となっておよそ90km先まで流れ広がり、山や谷を埋めつくして、でこぼこだった地形を平らにしてしまいます。

シラス台地はその平らな場所が雨水や川の侵食で削られて、テーブルのように残ったところです。鹿児島県の大隅半島にある笠野原（台地）や薩摩半島にある南薩台地が規模も大きく知られています。

▲ 軽石がつもった地層 上の写真のがけに近づくと、軽石がつみかさなっているようすがよくわかる。

大噴火は鹿児島湾もつくった

　シラス台地をつくった3万年前の巨大噴火は、鹿児島湾や姶良カルデラの成り立ちにも関係しています。

　鹿児島湾の北はしはもともと陸地でしたが、巨大噴火によって地下にあった大量のマグマが地上に噴きだしたため、カルデラとよばれる大きくへこんだ地形ができました。これが、姶良カルデラです。大きさは南北約23km、東西約24km、深さは約100mもあり、日本最大級といわれている屈斜路カルデラ（北海道）や阿蘇カルデラ（熊本県）とほぼ同じ大きさです。いまわたしたちが見ている鹿児島湾は、姶良カルデラに海水が流れこんで海となった風景なのです。

大むかしの4つの噴火とシラスの分布

うすいピンク色の場所がシラスの地層。シラス台地には4つの噴火がかかわっているが、その大部分は3万年前の噴火によるものだ。

- 345万年前 加久藤カルデラ / ▲霧島
- 3万年前 姶良カルデラ / ▲桜島
- 鹿児島湾 / 鹿屋市
- 11万年前 阿多カルデラ
- 7300年前 鬼界カルデラ
- 硫黄島
- 種子島

◎産総研「20万分の1日本シームレス地質図®」から作成。

マグマの力おそるべし！

━━━ コラム ━━━

噴火のしくみと火砕流

マグマだまりからマグマが上昇をはじめると、マグマにとけこんでいたガスが気体となって泡立ちはじめ、これが噴火の原動力になる。溶岩は、噴火によって地表に流れだしたマグマのことで、ゆっくり流れる。いっぽう火砕流は、軽石や火山灰などが火山ガスといっしょになって、ときには時速100kmをこえる速さで流れる。

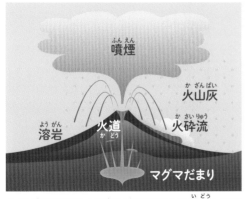

噴煙 / 火山灰 / 火砕流 / 溶岩 / 火道 / マグマだまり

▲ マグマだまり　マグマが地表近くに移動してきてたまったもの。

◀ 軽石　マグマが泡立って引きちぎられ、空中で冷えてかたまった岩石が、軽石。穴だらけでスカスカ。そして、とても軽い。

シラス台地の特徴は？

笠野原の上はつねに水不足

　鹿屋市と肝付町にまたがって広がる、鹿児島県でもっとも広いシラス台地が、笠野原です。

　笠野原は、60m〜100mにもなるぶ厚いシラスの地層と、シラスがつもる前からあった古い時代の地層の2層に大き

くわけられます。

　火山灰や軽石でできたシラスの地層はすきまが多く水をとおしやすいので、降った雨はすぐに地中深くにしみこんでしまいます。しかし、シラスの地層の下には粘土やかたい岩石でできた水をとおしにくい地層があるので、水はそれ以上地下深く、しみこみません。ふたつの地層のあいだを地下水となって流れていくことになります。

　この地下水は、井戸を掘ってかんたんにはくみ出すことのできないような深さのところにあります。そのため昭和時代のはじめに近代的な水道が引かれるまで【➡P.44】、台地の上ではつねに水不足でした。

✏ 笠野原のようす

大隅半島の中央部、肝属川（鹿屋川）と串良川にはさまれたところにある。南北16km、東西12kmにもおよぶ広大な台地で、北部は標高約180m、南部は標高20mのがけになっている。この図は笠野原を南の上空から見おろした地図。

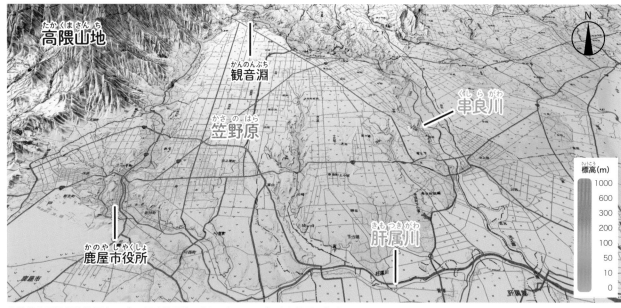

◎基盤地図情報数値標高モデル、国土地理院ベクトルタイルのデータを使用し作成。

台地のふもとは水が豊富

　シラス台地の上では水を得にくいのに対し、台地のふもとではシラスの地層の底を流れてきた地下水が湧きだすため、豊富な水に恵まれています。

　笠野原が侵食されてできたがけの中腹には観音淵とよばれる洞窟があります。そこでは水がたくさん湧きだしていて、地域の人たちが生活用水として使っています。洞窟は、地下水がやわらかいシラスの地層を削りとってできた穴で、時間の経過とともにどんどん大きくなっていきます。

　こうした洞窟は、シラス台地のがけにいくつもあります。なかには奥ゆき100mをこえるものもあります。

▼▶ **シラス台地にできた観音淵**　観音淵は、高さ8m、幅16m、奥ゆき30mもある洞窟。なかには700年ほど前にたてられた石塔が、約90残されている。数十年前まで、地域の人々は洞窟を利用してもやしを栽培していた。

🖊 水が湧きだすしくみ

降った雨は地下水となり、水をとおしやすい地層と、とおしにくい地層のあいだを流れていく。まな板の上においたスポンジに水をかけたところを想像してみよう。

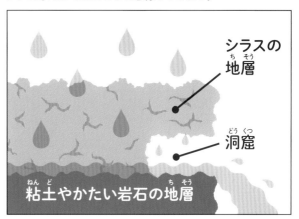

シラスの地層

洞窟

粘土やかたい岩石の地層

強い雨が集中して降る場所

　笠野原のある鹿児島県鹿屋市は「太平洋側の気候」ですが、同じ太平洋側の気候の東京とくらべて6月〜7月中旬の梅雨の時期の降水量がとても多くなります。

　その理由は、九州地方南部に梅雨前線が停滞し、その上を低気圧が通過すると、南西からのあたたかくしめった空気が流れこみやすくなるからです。

　さらに、鹿屋市と東京の地形のちがいも影響してきます。鹿屋市では、流れこんだしめった南西の空気が山岳地帯にあたると上昇気流が発生し、せまい範囲に連続して雨雲が発達、降水量がひじょうに多くなる傾向にあります。いっぽう、東京は広く平らな関東平野にあるため、南西からそうした空気が流れこんでも、地形の影響による雨雲は発達しません。

梅雨前線による大雨

梅雨前線は、冷たくしめった北のオホーツク海高気圧と、あたたかくしめった南の太平洋高気圧がぶつかって動かなくなったときに生まれる。この前線上に上昇気流がおこり、雲がつぎつぎと発達して長雨をふらせる。

東京の3〜4倍、那覇市の2倍も雨が降るよ！

鹿屋（鹿屋市）と東京（千代田区）の月平均気温と月別降水量

◎気象庁発表の平年値（1991〜2020年の平均値）から作成。

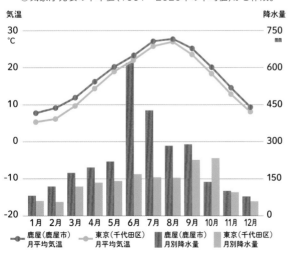

鹿屋（鹿屋市）と那覇（那覇市）の月平均気温と月別降水量

◎気象庁発表の平年値（1991〜2020年の平均値）から作成。

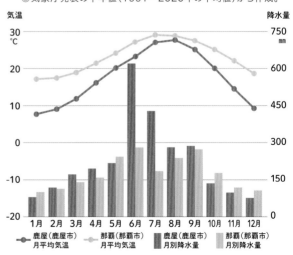

シラスの採掘場 鹿児島県霧島市にある、シラスの採掘場。シラスは水はけがよいため道路をつくったり校庭に敷いたりするのに使われる。

大雨による土砂災害がおこりやすい

シラスの地層は火砕流がかたまらずにつもっているので、雨が降ると表面がひじょうにやわらかくなり、一気に崩れるという特徴があります。そのため、県土のおよそ60％がシラスでおおわれている鹿児島県【➡P.9】では、梅雨や台風の季節になると、毎年のようにひじょうに多くの土砂災害がおこります。土砂災害のおきた場所の約半数＊がシラスの地層です。

鹿児島地方気象台では、災害に結び

つくような大雨が予想される場合には、防災気象情報を発表し、テレビやラジオ、ホームページを使って大雨にともなう警戒をよびかけています。

＊2020〜2022年度の3年間のデータをもとに、鹿児島県土木部砂防課が調査。

鹿児島県で発生した土砂災害の件数
（2018年〜2022年）

	2018年	2019年	2020年	2021年	2022年	10年平均
土石流	3	4	11	3	1	10
地すべり	0	0	0	0	1	1
がけ崩れ	31	168	80	69	44	62
合計	34	172	91	72	46	73
全国合計	3459	1996	1319	972	795	1446

◎鹿児島県土木部砂防課発表の「近年の土砂災害」（2022年12月末）から作成。

▰▰▰ **コラム** ▰▰▰

くらしに役立つシラス

水不足や土砂災害を引きおこすシラスですが、最近は工業製品として生まれかわらせ、道路を平らにする材料や緑地整備に使ったり、瓦、ブロック、タイルなどたてものに利用したり、園芸用の土に変えたり、という活用がおこなわれています。まだ、活用のための研究ははじまっ

たばかりで、本格的に工業製品として使われるようにはなっていませんが、本格化すれば、地域に大きな変化が生まれることでしょう。

▶鹿児島市の市電の軌道には、シラスのコンクリートブロックが使われている。

笠野原とほかの台地をくらべてみよう

川がつくった牧ノ原（台地）

牧ノ原は静岡県の中部にある大井川の下流と菊川のあいだに広がる台地です。笠野原と同じで水を得にくい場所ですが、土地の成り立ちがちがいます。笠野原はシラスの地層【➡P.8】でできていますが、牧ノ原の表面をおおっているのは、川が山から運んできた石ころです。水はけがよいことにくわえ、川よりも高い位置にあるため農業には向かない土地でしたが、明治のはじめに開墾され、茶の栽培がはじまりました。

その後、茶の生産量が増えていくなかで、水不足は深刻化していきました。1978（昭和53）年には国の事業として台地の上にかんがい用水が引かれることになり、およそ20年後に完工しました。茶畑に安定して水を供給できるようになり、茶の品質もさらによくなっています。

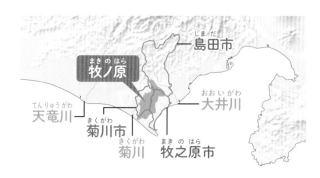

牧ノ原

牧ノ原は、大井川と菊川のあいだに広がる台地である。この図は牧ノ原を南の上空から見おろした地図。

◎基盤地図情報数値標高モデル、国土地理院ベクトルタイルのデータを使用し作成。

▲ 牧ノ原の茶畑　静岡県島田市と牧之原市、菊川市に広がる、牧ノ原。台地の上は茶畑として利用されている。

扇状地がもりあがった

　牧ノ原は、大井川がつくった扇状地がもりあがってできた地形です。大井川の源流には日本有数の速度で隆起※をつづける赤石山脈（南アルプス）があります。山が崩れると大量の土砂が川に流れこみます。その土砂は大井川によって下流に運ばれ、扇状地とよばれる扇形の地形をつくりました。

　その後、この扇状地は赤石山脈といっしょに隆起して台地となります。山から運ばれてくる土砂は、川が氾濫したときに、川のまわりにたまっていきます。そのため、扇状地が台地になってしまうと、そこには土砂を運ぶことができなくなります。大井川やそのまわりの河川は台地に深い谷を刻んでいきます。そうしてできた地形が現在わたしたちが見ている牧ノ原です。

※土地がもりあがること。

✏ 牧ノ原の成り立ち

①扇状地ができる

赤石山脈は崩れることで大量の土砂をつくりだす。その土砂は山地から平野に出るところにつもって扇状地をつくる。

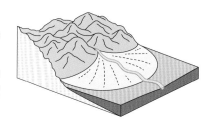

②扇状地がもりあがる

山がもりあがると扇状地もいっしょにもりあがる。川は低いところを流れるので、扇状地に谷が刻まれる。

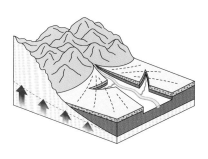

③扇状地がさらにもりあがる

長い時間がたつと, 谷が増えていく。地形は丸みをおびていく。

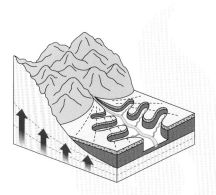

15

②鹿児島湾の生きもの

2万6000年前の噴火【➡P.18】でできた桜島。人にとっては厳しい環境も、動物や植物にとっては楽園だったのでしょうか。

火山ガスの噴出孔のそばでくらす生きものとは？

消化器を持たないふしぎな動物

姶良カルデラ【➡P.9】のなかには現在もさかんに火山ガスを噴出している若尊カルデラがあります。南北2.5km、東西3.5km、深さは約200mもあり、いたるところで火山ガスや熱水が噴出しています。そのカルデラの東側にある小高い丘の上にコロニーとよばれる群れでくらす動物が、サツマハオリムシです。

サツマハオリムシは、自分でつくった長い管のなかに入り、先端から赤いエラだけを出して生活しています。動物ですが、目や口、消化器官はありません。食物から栄養をとるのではなく、からだのなかに化学合成細菌とよばれる微生物をすまわせ、彼らに有機物（栄養分）をもらう共同生活をしています。火山ガスなどに含まれる硫化水素や鉄などを有機物にかえる力が、化学合成細菌にはあるからです。

ハオリムシのなかまの多くは光が届かず光合成をする植物のいない水深1000m以上の深海にすんでいますが、鹿児島湾では80〜110mで見つかります。つまり、光が届く場所にいながら、化学合成細菌と共生する道を選んだのです。

📌 姶良カルデラと若尊カルデラ

約3万年前にできた姶良カルデラのなかには、桜島と若尊カルデラがある。

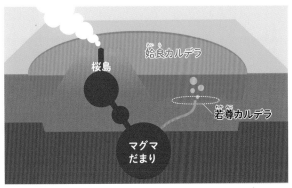

📌 若尊カルデラ

若尊カルデラでは火山ガスや熱水が噴出している。

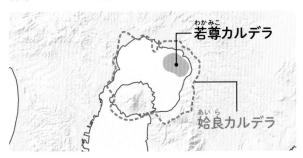

"温泉好き"のカクレエビ

　サツマハオリムシのコロニーのそばでは、体長2〜3cmほどのエビも見つかっています。鹿児島大学教授の大富潤さんらの研究により未記載種*であることがわかり、2001（平成13）年にペリクリメネス・サーモハイドロフィラス（温泉好きのエビ）と命名されました。和名はタギリカクレエビです。カクレエビの多くは本来浅い海でくらしていますが、タギリカクレエビは鹿児島湾のサツマハオリムシのそばでしか見つかっていません。彼らの関係性はじゅうぶんに解明されておらず、いまだなぞ多き生きものです。

＊学名をもたない、いわゆる新種のこと。

▲ **タギリカクレエビ** 体長2〜3cmの小さなエビ。

コラム

鹿児島湾とイルカ

　桜島フェリーから海を見ていると、ジャンプするイルカの群れに出合えることがある。鹿児島湾のイルカについては1999（平成11）年からかごしま水族館や鹿児島大学などが調査をおこなっており、ミナミハンドウイルカ、ハセイルカ、ハンドウイルカが生息していることがわかった。イルカは食物連鎖の頂点に存在している。イルカが多く生息しているということは、鹿児島湾はイルカにとって食物となる魚などが豊富にある場所だということがわかる。

サツマハオリムシ
いおワールドかごしま水族館（鹿児島市）では、生きているサツマハオリムシを見ることができる。

サツマハオリムシの真っ赤なエラ
サツマハオリムシの先端部分。赤いエラを管から出して硫化水素をとりこんでいる。

火山は最強のクリエイター

大噴火からの植物再生

桜島が誕生したのは、約2万6000年前。南九州の巨大噴火【➡P.8】の約4000年後に姶良カルデラの南はしで新しい火山活動がはじまったときのことです。その後噴火をくりかえしながら桜島は成長してできます。北岳と中岳、南岳を山頂とする姿になったのが2000年前で、大隅半島とつながったのがいまから約100年前、1914（大正3）年の大正噴火のころです。

桜島のおもしろいところは、溶岩で埋めたてられ、何もなくなってしまった土地に草が生え、木が育ち、それがだんだん大きな森へと成長していくようすが、ひととおり観察できることです。島内には過去の噴火で流れた時代のちがう溶岩が残っていて、年代を特定できるものもたくさんあります。そこに目をつけた研究者が、溶岩の上にいま何が生えているかを調べて年代順につなぎあわせていったところ、数百年分の植生の変化が見えてきたのです。

火山の噴火は、一瞬にして風景を変えてしまいます。火口から流れだした溶岩は冷えてかたまり、あたりいちめんを岩だらけの何もない世界にしてしまいます。しかし、その後の自然の成りゆきのなかで、噴火の前とはまたちがった美しい風景が生まれていきます。島をひとめぐりすると、それを感じることができます。

植物群落が変化していくようす（植生遷移）

火山の噴火で土が埋め立てられたのち、まず溶岩の上に生えてくるのが、コケや地衣類。その後、草が生えてきて、低い木が育ちはじめる。その次に生えるのは、クロマツなど日なたが好きな木、陽樹。ちなみにこれが林になるまで、100年くらいかかる。そしてさらに100年〜200年以上たつと、タブノキなど日かげが好きな木、陰樹が育ち、安定した豊かな森（極相林）へと変化する。

コケ・地衣類

クロマツなど

シイ・タブなど

常緑広葉樹林

裸地		草原		低木林		陽樹林		陰樹林
	30年		50年		100年		200年以上	

桜島の歴史時代におけるおもな火山活動と溶岩

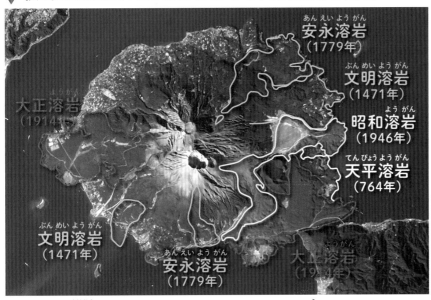

安永溶岩（1779年）
文明溶岩（1471年）
昭和溶岩（1946年）
天平溶岩（764年）
大正溶岩（1914年）
文明溶岩（1471年）
安永溶岩（1779年）
大正溶岩（1914年）

▲ 空から見た桜島　空から見ると、時代をさかのぼるごとに緑が増えていることがわかる。

歴史時代*における桜島のおもな噴火

*人類が出現し、文字による記録がじゅうぶんにおこなわれている時代。

年	時代	名称
764年（天平宝字8年）	奈良時代	天平宝字噴火
1471年（文明3年）	室町時代	文明噴火
1779年（安永8年）	江戸時代	安永噴火
1914年（大正3年）	大正時代	大正噴火
1946年（昭和21年）	昭和時代	昭和噴火

インタビュー

火山の研究はおもしろい

地質調査総合センター 活断層・火山研究部門
下司信夫 さん

*μmは1mmの1000分の1を表す単位。マイクロメートルと読む。

1000μm

200μm

▲ 火山灰　顕微鏡をのぞくと、きらきらとかがやくとても美しい世界が広がっている。正体は、火山ガラスや鉱物の結晶だ。火山や噴火の大きさによって、観察できる鉱物の種類はちがう。左は2017年4月27日の桜島の噴火の火山灰。右は2014年12月27日の阿蘇中岳の火山灰。

　桜島の火山灰を定期的に集めて、噴火の研究をしています。少なくとも10年以上つづけていますが、とても地道な作業です。火山灰はどれも灰色で同じに見えるかもしれませんが、顕微鏡で拡大して見ると、ちがいがわかります。同じ火山の噴火でも、噴火のしかたや大きさによって鉱物の大きさや色が少しずつ変わるんです。
　火山学や地質学といった分野では、ただ見るの

ではなく、じっくりと観察することで、まだだれも知らない、自分しか気づけなかった事実にたどりつけることがあります。火山の研究対象はそのあたりにある石だったり、地層だったり、だれでも見たりさわったりすることができるものです。火山の研究のおもしろさはそこにあります。みなさんもまず、興味をもった対象をじっくり観察してみてください。そして何を深めていったらおもしろいのか考えてみてください。

（2022年10月取材）

③桜島・笠野原のくらし

活火山のそばで安心してくらせるのはなぜでしょう。シラス台地でむかしから食べられている料理は何？　人々のくらしを調べてみましょう。

桜島の家のくふうとは？

火山灰を克服する住宅

　桜島は、1955（昭和30）年からほとんど休まずに火山灰を噴出しています。火山灰はとがった岩の粉なので目に入ると危険ですし、かたづけるのも大変です。そのため、桜島周辺の都市では住宅にも火山灰に対するくふうがあります。その方法はおもに、①火山灰が家のなかに入らないようにする、②火山灰が雨といっしょに流れやすくする、③つもっ

た火山灰をかんたんにとりのぞけるようにする、の3つです。

　毎日のように火山灰が降るような環境でも快適なくらしができるよう、1987（昭和62）年、桜島に「町営袴腰団地」が完成しました。そしてその3年後の1990年（平成2）年には火山灰の影響をうけにくい住宅づくりのマニュアル「克灰住宅設計マニュアル」を鹿児島県が発行し、普及をすすめます。1999（平成11）年には「県営桜島団地」も完成しました。

📍 笠野原の家のくふう
桜島からはなれた笠野原では、火山よりもふきぬける風と台風に対して注意を向けている。

部屋とサンルームを
仕切る扉
洗濯ものを干したときに
湿気が部屋にこもらな
いようにするためのくふ
う。床は水ぬれに対応で
きるよう、すのこ敷き。

火山灰対策
ばっちり！

サンルーム
火山灰が降る日でも洗濯もの
を干すことができる空間。

克灰住宅の県営桜島団地

でこぼこの少ない外観
外観はなるべく平らに
して火山灰がつきにく
くしてよごれを減らす。

屋根つきの駐車場
火山灰が降っても安心。駐車場前の歩行者通路は、
ロードスイーパー（路面清掃車）が入れる広さがある。

21

火山灰と上手につきあう

　県営桜島団地が完成した1980年代、桜島ではいまよりも多くの火山灰が降っていました。もっとも多かったのは、1985（昭和60）年の1万5908g／㎡で、これは、2022（令和4）年のおよそ126倍に相当します。けれども、家づくりの技術が進歩したことですべてのたてものの気密性があがり、火山灰が家のなかに入りこみにくくなりました。そのため「克灰住宅設計マニュアル」は、いまではあまり注目されなくなっています。

　だからといって、火山灰の悩みから完全に開放されたわけではありません。鹿児島市や垂水市の天気予報では、火山灰が流れていく方向や時間、影響がおよぶ範囲も発表します。また火山灰がた

くさん降ると、鹿児島市ではロードスイーパー（路面清掃車）と散水車を出動させて、除去作業をします。自宅の敷地内に降った灰は、市が無料で配布している専用のごみ袋（克灰袋）にいれて、「宅地内降灰指定置場」という火山灰専用のごみステーションにもっていきます。鹿児島市が回収し、埋めたてて処分するのです。鹿児島市でくらす人々は、いまでもくふうを重ねて火山灰とうまくつきあっています。

▲ **降灰で暗くなった鹿児島市** 1970年代後半から1990年代前半までは、ひじょうに降灰が多かった。撮影時期不明。

噴煙をあげる桜島
鹿児島市の目と鼻の先に桜島はある。

▲ **克灰袋** 火山灰は鹿児島市から支給される克灰袋とよばれる袋に入れ、通常のごみとはちがう場所にもっていく。

▲ **ロードスイーパー（路面清掃車）** ロードスイーパーが火山灰を吸いあげ、散水車が道路に水をまく。

鹿児島地方気象台における降灰量の変遷(1970〜2022年)

京都大学火山活動研究センター桜島火山観測所によると、1985年には400回の爆発が観測された。この噴火活動により、多量の火山灰が放出された。

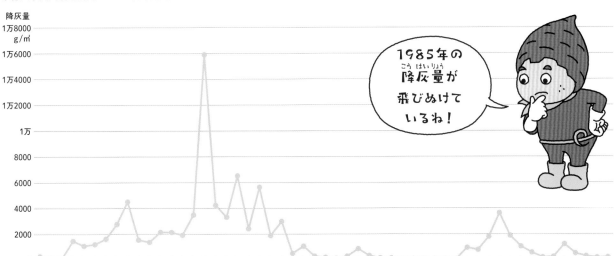

1985年の降灰量が飛びぬけているね！

◎鹿児島地方気象台発表の「鹿児島県内の火山資料」（2023年10月9日公表）から作成。

インタビュー

降灰の影響は少なくなりました

株式会社東条設計
代表取締役
東條正博 さん

1986（昭和61）年に、「克灰住宅設計コンペ」でアイデア賞をいただきました。当時はいまより降灰がひどい状況で、克灰住宅が注目されていました。

現在では住宅の気密性もあがり、以前よりも火山灰が降らなくなったので、火山灰の対策を気にされるお客さまは少なくなりました。また、サンルーム（太陽光を十分にとりいれられるガラス張りの部屋）をもうける必要もなくなりました。乾燥機の機能があがって、家のなかで洗濯ものを干さなくてもすむようになったからです。

課題として残っているのは、住宅のまわりにつもった火山灰をどうやってとりのぞくかです。スプリンクラーなどいろいろ試しましたが、うまくいかず、いまでも手作業に頼るしかないのが実態です。

（2023年2月取材）

活火山のそばで安全にくらす

▲ 桜島の小学生は、避難訓練のときだけでなく、ふだんも黄色いヘルメットをかぶって通学する。火山から飛んでくる小さな噴石などから身を守るためだ。ヘルメットには個人のバーコードがついており、そのバーコードからは持ち主を特定できる。

桜島の学校生活とは

鹿児島市立東桜島小学校は、いま活発に活動をしている南岳の噴火口から、直線距離で約3.7kmのところにあります。学区には、2022（令和4）年7月24日〜27日に噴火警戒レベルが5【➡P.27】に引きあげられ、全住民が数日間、島内の避難所などへ避難した有村地区もあります。

東桜島小学校では、噴火にそなえて年に2回、「桜島火山爆発総合防災訓練」がおこなわれます。また防災について教わるだけでなく、桜島だいこんを育てるなど、火山の恵みを学ぶ「総合的な学習の時間」もあります。

避難訓練の日の朝、子どもたちは担任の先生から、噴火したときに気をつけることを教わります。たとえば、ヘルメットに

ゴーグルをつけておき、火山灰や石が降ったときにすぐに着用するなど、たくさんあります。また、訓練のときは、教科書のほかに、リコーダーや習字道具、絵の具セットももっていきます。なぜなら2〜3週間は島に帰ってこられず、避難先の小学校で学ぶことが想定された訓練だからです。

子どもたちは校内の広場に移動したあと、住んでいる地区ごとにわかれて整列します。そして先生の引率で、バス停にむかいます。訓練ではこのあと学校にもどりますが、実際の避難では、バスでそのまま対岸にある鹿児島市内の小中学校や公民館などにむかいます。途中フェリーを使うこともあります。

鹿児島市立東桜島小学校

2km

インタビュー

火山灰のおかげでおいしくなる野菜がある

鹿児島市立東桜島小学校5年生

山田英治さん　**池田璃音**さん
野田陽莉さん　**峯山清十郎**さん

（左から）

ふだん火山をこわいと思ったことはありません。でも、2022（令和4）年の7月に噴火警戒レベルが5になったときは、少しこわかった。火山灰が降ったり、火山のすきまからマグマのような赤いものが見えたりしました。

火山灰も、いやではないです。ふつうかな。桜島だいこんのように、灰のおかげで育つ野菜が、あるからです。給食でたまに食べますが、からいところもあまいところもあって、おいしいです。サツマイモの畑も水はけがよいので、あまく、おいしくなります。

小学校のそばに活火山がある、桜島のようなところは、めずらしいと思います。湯之平展望所から島をみわたすと、自然の豊かさにびっくりすると思います。温泉もたくさんでます。フェリー乗り場のちかくには、無料の足湯もあります。

（2022年11月取材）

▶▶ **東桜島小学校の桜島火山爆発総合防災訓練**＊**のようす** ①訓練の日、校長先生から桜島や噴火について学ぶ。②訓練では先生の指示にしたがって、すばやく行動する。

＊鹿児島市が実施する「桜島火山爆発総合防災訓練」とは別のものです。

①

◀ 1879（明治12）年創立の東桜島小学校。校庭には桜島爆発記念碑がある。大正時代の噴火の際、鹿児島測候所の「桜島は噴火しない」という見解を信じて避難しなかった住民のなかに、被害者が出てしまった。そのときの教訓が刻まれている。科学不信の碑ともいわれている。

②

安全にくらすための観測施設

　桜島は、気象庁が24時間体制で監視している、常時観測火山です。噴火前には、地下のマグマだまり【➡P.9】などが、ふくらみます。そうすると、人の目にはわからないほどわずかですが、山の傾斜の角度が変わったり、山がふくらんだりします。そうしたわずかな変化を見逃さないように、気象庁は、地震計、傾斜計、空振計などのほか、人工衛星を利用して位置を測るGNSS（全地球航法衛星システム）や監視カメラを設置して、桜島の火山活動の監視・観測をおこなっています。また、京都大学や国土地理院、国土交通省九州地方整備局などの関係機関も、これらの観測機器を設置しており、データを気象庁に提供しています。

　気象台はそれらをもとに噴火警戒レベルの引きあげを発表し、鹿児島市などの自治体では警戒レベルに応じた避難情報を出します。そのときに役立つのが、各家庭に配られた、ハザードマップと町別避難マニュアルです。

📍 京都大学火山活動研究センター桜島火山観測所

1955（昭和30）年から活発になった桜島（南岳）の噴火活動の長期的な調査、観測のために、同年に設立された。

▲ 桜島火山観測所　南岳の火口から北西2.8kmのところにある。

▲ 観測所内部　観測坑道に置かれた機器からデータが送られてくる。

▲ 観測坑道　火山の噴火を詳細に観測するための機器が地中に設置されている。

桜島の南岳　現在活発に活動しているのは、桜島の南岳山頂火口と昭和火口である。噴煙がもくもくとあがるようすは、気象庁のウェブサイトからも確認できる。

噴火警戒レベル	
レベル5	避難
レベル4	高齢者等避難
レベル3	入山規制
レベル2	火口周辺規制
レベル1	活火山であることに留意

▲ 噴火警戒レベル　気象庁は、火山活動の状況に応じて警戒が必要な範囲と住民がとるべき対応を5段階に区分して発表する。

桜島フェリー　鹿児島港と桜島港をむすぶ、桜島フェリー。緊急時は、人々の島外避難を助ける。

2000人が参加する防災訓練

　2023（令和5）年3月現在、気象庁が発表する桜島の噴火警戒レベルは3（入山規制）です。これが4（高齢者等避難）に引きあげられると、警戒が必要な居住地域から高齢者や観光客などは避難をはじめ、そのほかの住民は避難の準備をします。レベル5（避難）で、桜島の対象地域のすべての住民がすみやかに避難することを求められます。桜島ではそうした事態にそなえ、バスやフェリーをつかってすみやかに島外に避難する計画がたてられています。また年に2回、鹿児島市の実施する「桜島火山爆発総合防災訓練」もおこなわれます。この訓練は東桜島小学校が独自におこなっているものとちがい、鹿児島市の職員、消防関係者などあわせて2000人近くが参加する大規模なものです。

▼桜島の水無川　噴火活動が活発になると、土石流の発生も増える。水無川は土石流を流すためにつくられた川で、ふだんは水がない。

▲退避壕　噴火の際、降ってくる小さな噴石から一時的に身を守るためのたてもの。

▲ワイヤーセンサー　土石流は、カメラとワイヤーセンサーで監視がおこなわれている。土石流が流れるとワイヤーが切断され気象庁などに伝達されるしくみだ。

笠野原の料理はからいもが主役

どれも
おいしそ〜!

おかずもおやつもサツマイモ

からいも（サツマイモ）は水を得にくい場所でもよく育つため、笠野原でさかんに栽培されています。あげる、ゆでてつぶしてだんごにする、練る、でんぷんを使うなど、調理法もさまざまで、いろいろな姿や味で食卓に登場する、地域の人々にとってもっとも身近な食材のひとつです。鹿屋市の郷土料理を伝える活動をしている、かのや食育サポーターのみなさんに、じまんのからいも料理をつくってもらいました。

【がね】 切ってあげる

せん切りにしたサツマイモに、ニラやニンジンを加えた、かきあげが、がねです。衣には、小麦粉ともち米粉を使い、砂糖をたっぷりと入れます。かくし味に、しょうゆ。かりっとした食感が特徴です。いまはサツマイモの種類も豊富ですが、むかしはコガネセンガンを使っていました。

福元和子さん

がねは、鹿児島の言葉で、カニのこと。カニに似ているのが、名前の由来です。地域にむかしからある料理なので、家庭ごとにつくりかたも味も少しずつちがいます。わたしは衣に小麦粉と木綿どうふを使い、もち米粉は使いません。かくし味はマヨネーズです。こうすると、もちもちとした食感にしあがります。

今掛富代子さん

せん切りにしたサツマイモと野菜、小麦粉をあわせ、つぶしたとうふを入れる。

かくし味にマヨネーズを入れるのが、今掛さん流。

しゃもじの上で形をととのえ、熱した油にそっと落とす。

でんぷんを練る 【落花生どうふ】

今掛富代子さん

落花生どうふは、くだいた落花生と、サツマイモのでんぷんを使ったとうふです。くだいた落花生と水をミキサーにかけたものを布でこして、落花生のしぼり液をつくります。その後落花生のしぼり液にでんぷんを合わせて加熱し、よく練りあげます。お祝いごとやお盆のときによく食べます。最近はスーパーで手に入るので、手づくりする人は減りましたね。落花生のかわりにアーモンドでつくってもおいしいですよ。

コツはでんぷんを加えてからよく練りあげること。若い人に、「落花生どうふって手づくりできるの?」とおどろかれることもあるという。

でんぷんをだんごにする 【ぎっちんこ汁】（でんぷんだんご汁）

徳永敦子さん

ぎっちんこ汁は、野菜たっぷりの煮干しだしのスープに、サツマイモのでんぷんでつくった団子を落とした汁ものです。だんごづくりは、だまにならないよう、①サツマイモのでんぷんに熱湯を少しずつ加え、木べらでまぜていきます。②スプーンですくってなべに落とし、透明になったら完成です。

【そまげ】 ゆでてつぶす

サツマイモとそば粉、もち米をまぜ合わせただんごが、そまげです。そまげは、おやつや行事食、代用食（主食であるごはんのかわりに食べる食品）としてもよく食べられていました。ゆでたサツマイモともち米をいっしょに煮込んでつぶし、砂糖とそば粉を入れてまぜあわせます。しあげにきな粉をまぶします。

堀之内節子さん

④桜島・笠野原の産業

この地域の産業の特徴は、短所を長所に変える発想やくふうが見られるところです。「観光」「漁業」「野菜づくり」「畜産」を題材に調べてみましょう。

なんだろう？
行ってみよう！

活火山をいかした桜島の産業とは？

火山の恵みの農業

火山は災害を引きおこすいっぽうで、たくさんの恵みももたらしてくれます。

桜島では島の北西部にある扇状地【→P.15】で桜島小みかんがさかんにつくられていますが、実はこれも、恵みのひとつ。火山のつくった地形を利用しています。

桜島は土石流がおこりやすいところです。なぜなら噴火をくりかえした山肌はもろく、大雨で削りとられると砂と水がまざって流れる土石流になるからです。扇状地はふもとに流れくだっていった土石流がつもってできたゆるやかな斜面ですが、ここではおいしいみかんがよく育ちます。軽石まじりの土は水はけもよく、海面からの照りかえしで日あたりも抜群だからです。

1971（昭和46）年ごろ、桜島の農家1戸あたりの農業所得は、鹿児島県内で1位＊でした。生活をおびやかすやっかいものの火山は、島に経済的な恵みをもたらす宝ものだったのです。

＊『373桜島　桜島100年の主なできごと』(南日本新聞ウェブサイト)、『みんなの桜島』(NPO法人桜島ミュージアム編著・南方新社,2011)による。

▲桜島だいこんの畑　桜島だいこんの特徴は、葉が地面をはうようにして育つこと。軽石がまざった水はけのよい土は、肥料のききめもよい。

◀桜島小みかん　直径わずか4〜5cmの小さなみかんで、江戸時代には徳川家にも献上されていた。島内には100年の古木もある。

▲桜島の「溶岩なぎさ公園」では、雄大な自然景観を楽しみながら足湯を楽しめる。

活火山をいかした観光

　活火山は、お隣の中国や韓国などからたくさんの観光客をよぶことにもつながりました。その理由のひとつに、人口約60万人の鹿児島市の市街地からフェリーでわずか15分のところに活火山があり、雄大な自然景観や温泉を楽しめる立地が、世界的にもめずらしいことがあげられます。人気の観光プログラムに、有村海岸でおこなわれる温泉掘り体験があります。自分で掘った足湯であたたまりながら雄大な南岳を眺める体験は格別です。

桜島ビジターセンターの来館者数

2020年、新型コロナウイルス感染症の拡大で来館者数は減ったが、開館した1988年から2018年度までに約2倍に増えた。

年度	合計
1988	5万1790人
1998	4万2158人
2008	4万9829人
2018	11万 231人
2020	3万1766人
2022	6万1542人

◎「NPO法人桜島ミュージアム」提供のデータ（2023年8月）から作成。

インタビュー

火山の魅力を体験できる桜島

NPO法人
桜島ミュージアム
理事長
福島大輔 さん

　大学院で火山学を学んだのち、京都大学の桜島火山観測所で防災教育について研究しました。そのとき気づいたのが、桜島の自然や歴史、産業などを地域の人たちに楽しみながら知ってもらうことが自発的な学びにつながり、さらには防災教育にもなるのではないか、ということです。噴火の危険について教科書どおりに教えられても、人は自分のこととして受けとめられません。たいせつなのは、まず自分たちのくらす地域がどんなところか、体験をとおして知ること。そのとき、おもしろい、もっとしらべてみたいと思えるところが見つかったらしめたものです。桜島は、そうした学びのきっかけづくりに適しています。わたしたちといっしょに、火山の魅力に出合えるような、とくべつな体験をしていきましょう。

（2022年10月取材）

活火山と地形をいかした 鹿児島湾の漁業の特徴とは？

気候と地形をいかした漁業

　鹿児島湾（錦江湾）は、湾の出入り口がせまく、内側が広くなるという半閉鎖性の内湾で、東京湾に似たかたちをしています。

　東京湾と大きくちがうのは、現在も活発に活動している火山があり、湾奥部と中央部の水深が200mをこえることです。また、沖合いを流れる黒潮の影響で、東京湾の表面水温が10℃程度しかない2月でも、鹿児島湾では16℃前後と、ひじょうにあたたかいことも特徴です。けれども湾奥部は黒潮の影響をうけにくく、冬から春にかけて、湾中央部よりも水温は低くなります。

　鹿児島湾ではこうした地形と気候をいかした海面養殖業や沿岸漁業がおこなわれています。

🔻 鹿児島湾に2か所ある 水深200mをこえる深み（オレンジ色の部分）

🔻 鹿児島湾の断面図

鹿児島湾は、東西約20km、南北約80km。最大水深は、湾奥部（桜島の北側）で206m、湾中央部（桜島の南側）で、237mもある。

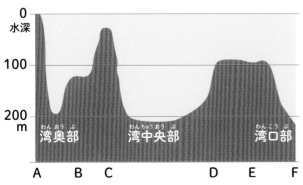

🔻 東京湾

鹿児島湾ならではの漁業、見てみよう！

①

②

③

▼▲◀ブリの養殖
①生け簀の大きさは、たて10m、横10mもある巨大なもので、海面から10mほどのところに設置する。水深は沖の生け簀の下で150m、陸に近い生け簀の下で70mもある。
②生け簀からブリを水あげするようす。生け簀の中には、網についた貝やカキなどを食べるイシガキダイという別の魚も放養して、よい環境をたもっている。
③出荷されたブリ。

湾奥部でさかんなブリ養殖

　鹿児島湾では、おだやかな内海という地の利をいかしたブリとカンパチの養殖がさかんです。ブリは桜島の北側、カンパチは南側と養殖場のある場所がわかれているのは、カンパチはブリにくらべて、よりあたたかい海に生息する魚だからです。

　霧島市の「福山養殖」では、おいしいブリが育つ理由に、鹿児島湾の水温の高さと水深の深さをあげています。水温が高いと魚は一年中えさを食べ、すくす

くと成長してくれます。また、水深が深いと、大きな生け簀を設置することができます。最高のブリにしあげるためには、生け簀のなかで、健康にストレスなく育てることがたいせつだといいます。

2022年における養殖ブリの生産量(上位5都道府県)

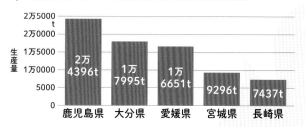

鹿児島県	大分県	愛媛県	宮城県	長崎県
2万4396t	1万7995t	1万6651t	9296t	7437t

◎農林水産省発表の「令和3年漁業・養殖業生産統計／海面養殖業の部」から作成(2023年2月24日公表)。

湾中央部でさかんなカンパチ養殖

鹿児島湾中央部の大隅半島に位置する垂水市、鹿屋市、南大隅町などではカンパチの養殖がさかんです。なかでも

鹿屋市は、鹿児島県内でいちはやくカンパチの養殖をはじめた場所です。

鹿屋市では1970年代後半にはブリの養殖もおこなっていましたが、1981（昭和56）年にはカンパチの養殖がはじまり、1995（平成7）年ころからは完全にカンパチに切りかえています。

鹿屋市のカンパチは水あげしたらすぐに、船の上で生きたまま氷づけにします。そして港にもどって、水あげしてから2時間以内に加工して、配送までおこないます。鮮度をたもつためのくふうです。

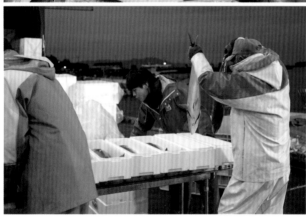

▲ **カンパチの水揚げのようす** 鹿屋港沖には、カンパチ養殖の生け簀が約450基ある。鮮度をたもったまま短時間で出荷するために、いちどに出荷する量が決められている。

📊 2022年における
養殖カンパチの生産量（上位5都道府県）

	鹿児島県	愛媛県	宮城県	大分県	香川県
生産量	1万7327t	3,073t	2,217t	1,874t	1,475t

◎農林水産省発表の「令和3年漁業・養殖業生産統計／海面養殖業の部」から作成（2023年2月24日公表）。

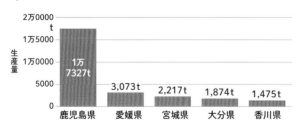

▲ **かんぱち丼** 鹿屋市漁業協同組合直営の「みなと食堂」人気のメニュー。

深い海にすむエビ

鹿児島湾の沿岸漁業でとれるのはおもに、サバ、アジ、タイなどですが、漁獲量が少ないながらも忘れてはならないのが、ナミクダヒゲエビやヒメアマエビといった深い海にすむエビの存在です。

鹿児島湾では、とんとこ漁とよばれる小型船による底引き網漁が少なくとも150年前からおこなわれており、これらのエビをねらっています。おもな漁場は湾中央部にある深い海ですが、桜島の北側で操業する漁業者もいます。

ナミクダヒゲエビは、フィリピンからインドネシア、日本、韓国にかけて広く生息していますが、このエビを専門にとる漁業者がいるのは、鹿児島湾だけです。なぜならふつう深海にすむエビは、同じ場所でまと

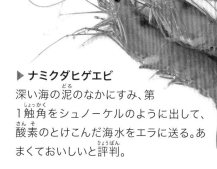

▶ナミクダヒゲエビ
深い海の泥のなかにすみ、第1触角をシュノーケルのように出して、酸素のとけこんだ海水をエラに送る。あまくておいしいと評判。

▶ヒメアマエビの頭胸部をとる作業がおこなわれている。

まってくらしていないので、底引き網をひいても、それほど網にかかりません。いっぽうで、鹿児島湾のエビはすり鉢状の深い海の底に高密度で生息しているため、一度にたくさんのエビをとることができます。

インタビュー

未利用魚の食べかたやおいしさを広める活動をしています

鹿児島大学
水産学部教授
大富 潤 さん

未利用魚という言葉を聞いたことがありますか? サイズが小さい、価値が知られていないなどの理由から、せっかく網にかかったのに、漁業者に捨てられてしまっている魚のことをいいます。

とんとこ漁の網にかかる深海底の魚には、未利用魚が多くいます。食べてみるとおいしい魚がたくさん

ありますが、深海魚は不気味という思い込みが邪魔をして、だれも食べようとしません。しかし、考えてみてください。高級魚で有名なキンメダイもアカムツ(ノドグロ)も、深海魚です。「かごしま深海魚研究会」をたちあげ、仲間たちといっしょに、そうした未利用魚の食べかたやおいしさを広める「うんまか深海魚」プロジェクトという活動をしています。二十数年前までは多くの漁業者が海に捨てていたヒメアマエビも、おいしさを広く伝えることに成功し、現在ではかつての5～10倍の価格で取引されるようになりました。漁業者が未利用魚を使ってさらに収入を得るしくみをつくる手伝いをすること。それが、漁業者の働きがいにつながり、後継者の確保や、漁業をたやさないことにつながると考えています。

(2023年5月取材)

笠野原で育つ 生産量日本一の作物は?

利用法で変わるサツマイモの種類

　鹿児島県は、日本でいちばんサツマイモが栽培されている県で、鹿屋市の栽培面積は1639ha[*1]です。サツマイモはシラス台地のように水はけがよく、栄養分の少ない土地でもよく育つため、鹿屋市では江戸時代ごろから栽培されています。地面をはうようにして葉が成長し、地下にイモができるというサツマイモの性質が、台風の多い土地では育てやすかった、という事情もあります。

　サツマイモは、原料用、加工食品用、青果用など、使いかたによって品種がちがいます。「こないしん」と「シロユタカ」は、おもにでんぷんなど甘味料の原料として使われます。「コガネセンガン」は、焼酎という酒の原料に多く使われます。

　鹿屋市はもちろん、鹿児島県ではサツマイモを原料にした焼酎がさかんにつくられています。鹿児島県内にはいも焼酎の蔵元が119社[*2]あり（2023年7月1日現在）、焼酎にサツマイモ以外の原料を使っているのは鹿児島県では奄美群島の蔵元だけです。

*1 2020年度「大隅地域の農業」による。
*2 鹿児島県酒造組合の調査による。

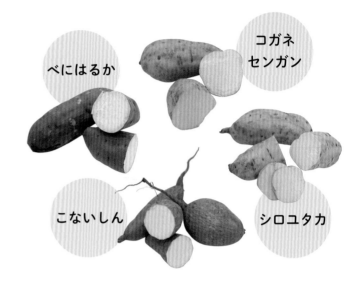

べにはるか
コガネセンガン
こないしん
シロユタカ

2022年におけるサツマイモの作付面積と収穫量（上位6都道府県）

◎農林水産省発表の「令和4年産かんしょの作付面積及び収穫量」（2023年2月7日公表）から作成。

	作付面積（ha）	収穫量（t）
鹿児島県	1万0000ha	21万0000t
茨城県	7500ha	19万4300t
千葉県	3610ha	8万8000t
宮崎県	3080ha	7万7900t
徳島県	1090ha	2万7000t
熊本県	815ha	1万9000t
合計	3万2300ha	71万700t

2022年における鹿屋市のサツマイモの品種別収穫量の割合

◎鹿児島県の「令和4年度さつまいもの生産実績調査」に基づく鹿屋市公表データ（2023年1月18日）から作成

1478t（5%）
1333t（5%）

1万2055t（43%）	7050t（25%）	6139t（22%）		

0%　　　　　　　　50%　　　　　　　　100%

■ こないしん　■ シロユタカ　■ コガネセンガン　■ べにはるか　■ その他

▲ 南橋商事は、鹿屋市にあるサツマイモ生産会社。鹿児島湾を見わたすシラス台地の上で、サツマイモを栽培している

▶ 南橋商事が育てているサツマイモの種類は、おもにべにはるかだ。

ぼくのルーツ、ここにあり！

コラム

サツマイモの伝わりかた

サツマイモは1600年ごろ、明（現在の中国）から琉球王国（現在の沖縄県）【→1巻】に伝わり、それがからいもというよび名で鹿児島県に伝わりました。伝えたのは前田利右衛門という船乗りで、1705年のことです。原産地は、メキシコなどの中央アメリカといわれています。その後江戸時代なかごろの1734年に、蘭学者の青木崑陽が江戸（現在の東京）にサツマイモの栽培法などを伝えました。

外国から伝わったサツマイモ

明

薩摩
1705年

江戸
1734年

琉球
1604年ごろ

▲ 笠野原 大隅半島の中央にある。南北16km、東西12kmにもおよぶ広大な台地だ。高隈山地から大崎町、志布志市方面を撮影。

荒れ地から緑の大地へ

　笠野原は、水を得にくく、作物を育てる養分の少ない土地です【➡P.10】。そのため長く荒れ地のままでした。

　そうした風景が大きく変わったのは、1967（昭和42）年に高隈ダム【➡P.45】が完成してからです。かんがい用水が引かれ、笠野原は緑の大地に生まれ変わりました。

　笠野原の開発前後で、鹿屋市の農作物の種類と生産量もかわりました。サツマイモは変わらずに栽培されていますが、家畜の飼料にする牧草やトウモロコシ、ソルガムなど、飼料作物が多くなりました。台地の上では以前から畜産がおこなわれていましたが、ますますさかんになりました。また、シラス台地には不向きだった茶の栽培も、さかんにおこなわれるようになりました。

▼ 笠野原の下の水田地帯 串良川（写真）や肝属川の平野部では、豊富な水をいかして米がつくられている。

開発後は茶の名産地に

鹿児島県では太平洋戦争以降、茶が本格的に栽培されていますが、笠野原は霜のために茶を育てることがむずかしい地域でした。

しかし、かんがい用水が引かれたことで、笠野原でも茶の生産がさかんになりました。スプリンクラーを使って用水をまくことで、霜の害を防ぐことができるようになったからです。

茶の生産に必要な条件がととのったことから、茶畑の面積が年々増え、鹿屋市は深蒸し茶の主要産地として、たくさんの産地賞を受賞しています。

2022年における 笠野原の作付け割合

生産者の減少や栽培作物の変更（品目転換）により、開発前にくらべてサツマイモの生産量は減り、茶の栽培は増えている。

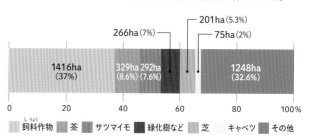

- 266ha（7%）
- 201ha（5.3%）
- 75ha（2%）
- 1416ha（37%）
- 329ha（8.6%） 292ha（7.6%）
- 1248ha（32.6%）

飼料作物　茶　サツマイモ　緑化樹など　芝　キャベツ　その他

◎鹿屋市農地整備課笠野原地区畑地かんがい整備促進協議会発表の「令和4年度笠野原地区作付一斉調査地区別上位作物集計結果」（2023年3月31日公表）から作成。

▶ **スプリンクラー** 茶畑ではスプリンクラーを利用して水をまいている。

▼**笠野原に広がる茶畑** シラス台地には不向きだった茶の栽培がさかんにおこなわれている。

▲ みずみずしい茶葉

台地の恵みいただきます！

笠野原で畜産がさかんなのはなぜ？

米づくりにむかない広い台地

九州地方南部は、牛、ブタ、ニワトリ（ブロイラー*1）などの畜産がさかんです。なかでも鹿児島県の畜産は、大隅半島や薩摩半島の広いシラス台地でさかんにおこなわれており、ブタとブロイラーの飼育数は、ともに全国１位です。「かごしま黒豚」「鹿児島黒牛」というブランドも生まれました。

鹿児島県で畜産が発展した理由は、シラス台地のように米づくりにむかない土地でもできたことや、たくさんとれるサツマイモが、家畜のよい飼料になったことなどがあげられます。

笠野原がある鹿屋市でも畜産がさかんで、肉用牛とブタの飼育数は、鹿児島県内で１位*2です。

*1 ブロイラーとは、食肉用のニワトリのうち、きわめて短い期間で成長、出荷できるように改良されたもの。
*2 2020年度「大隅地域の農業」による、

▲ **かごしま黒豚** 現在では日本だけでなく、香港やシンガポール、マカオなどでも人気。

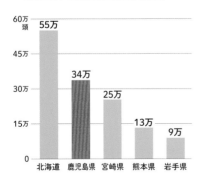

2022年における肉用牛の飼養頭数
（上位5都道府県）

◎農林水産省発表の「令和4年畜産統計」（2022年11月30日）から作成。
1万頭以下の数値は四捨五入した。

都道府県	頭数
北海道	55万
鹿児島県	34万
宮崎県	25万
熊本県	13万
岩手県	9万

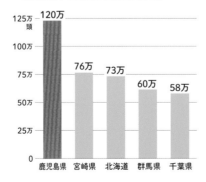

2022年におけるブタの飼養頭数
（上位5都道府県）

◎農林水産省発表の「令和4年畜産統計」（2022年11月30日）から作成。
1万頭以下の数値は四捨五入した。

都道府県	頭数
鹿児島県	120万
宮崎県	76万
北海道	73万
群馬県	60万
千葉県	58万

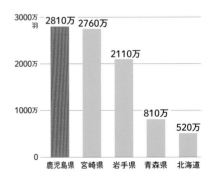

2022年におけるブロイラーの飼養羽数
（上位5都道府県）

◎農林水産省発表の「令和4年畜産統計」（2022年11月30日）から作成。
10万羽以下の数値は四捨五入した。

都道府県	羽数
鹿児島県	2810万
宮崎県	2760万
岩手県	2110万
青森県	810万
北海道	520万

琉球王国から来たブタ

鹿屋市には、養豚農家が105軒あり、飼育頭数は22万1000頭[*1]で、その約30%は黒ブタです。6か月という短い期間で出荷できる三元豚[*2]にくらべると、黒ブタは出荷まで8～9か月かかります。

「かごしま黒豚」のルーツは、今から約400年前に、琉球王国【➡1巻】から薩摩（おもに現在の鹿児島県）に入ってきたことにはじまるといわれています。一時は高品質のブタ肉の代名詞とまでいわれましたが、1960年代に海外から育てやすい白ブタが入ってくると、生産者が激減しました。しかし、「量より質の時代が必ず来る」と信じた鹿児島県は、黒ブタの生産をあとおししました。

復活した鹿児島県の黒ブタは、「かごしま黒豚」というブランドで、人気を集めています。

*1 「令和4年2月鹿児島県畜産統計」による。
*2 三元豚は一般的にランドレース、大ヨークシャー、デュロックという3品種を交配したブタのこと。いっぽうで、かごしま黒豚は、すべてバークシャー種。

インタビュー

ブタがソーセージやハムになるまで

ふくどめ小牧場
福留洋一 さん（右）

ふくどめ小牧場では、たいへんめずらしいサドルバックという品種を育てています。育てるのに8～9か月もかかります。育てたブタは、と場に運ばれ、枝肉という大きなかたまりの肉に解体されてから、ふくどめ小牧場に戻ってきます。ふつう、ブタ肉の加工は食肉加工場でおこないますが、ふくどめ小牧場では、と殺以外はすべて、ハムやソーセージづくりまですべてわたしがおこなっています。1頭丸ごと、その命をもらっているのだから、1頭丸ごと無駄なく使いきって、売ることがわたしたちの責任だと思っています。耳や皮も売っています。

（2022年10月取材）

三元豚に用いる品種

ランドレース（L）　大ヨークシャー（W）　（LW）　デュロック（D）　三元豚（LWD）

かごしま黒豚に用いる品種

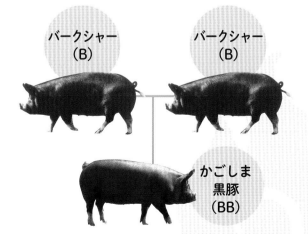

バークシャー（B）　バークシャー（B）　かごしま黒豚（BB）

和牛に注目した鹿児島県

　鹿児島県の畜産では、黒ブタが全国で有名ですが、近年では肉牛の人気も高まっています。鹿屋市では、笠野原の串良町が和牛の生産地として知られています。和牛とは、黒毛和種、褐毛和種、無角和種、日本短角種の4品種と、これらの品種間で牛の交配をしたものをいいます。このうち黒毛和種については、鹿屋市が県内一の産出額と総飼育頭数をほこります。

　5年に1度開催される「和牛能力共進会」という品評会の第12回（2022年10月）では鹿児島県の出品牛が種牛の部で内閣総理大臣賞を受賞して、鹿屋市の和牛も3部門で農林水産大臣賞を受賞しました。

▲ 鹿児島の畜産について話す、「うしの中山」の専務、飯山真志さん（2022年10月）。

▲ **笠野原の肥育農家** 鹿屋市内には肥育農家が74戸あり、2万3400頭＊が肥育【➡P.43】されている。

＊「令和4年2月鹿児島県畜産統計」による。

第12回和牛能力共進会で去勢肥育牛の部門で最優秀枝肉賞を受賞した、「うしの中山」の鹿児島黒牛。

子牛の牛舎
牛がけんかをしないよう、牛舎にやってきてから角を落とす。

子牛を育て肉を生産する

　笠野原の肥育農家＊「うしの中山」では、笠野原にある広大な農場で、4800頭の牛を肥育しています。肥育とは、わたしたち人間が食べるために家畜を大きく太らせることです。牛の健康をたもちながらおいしい肉になるように、愛情をもって育てています。

　牛どうしでけんかをしないよう、子牛のときに角を落とす、牛がじぶんでせなかをかけるように、牛舎にブラシをつける、暑い夏に牛が熱中症にならないよう、牛舎に水を霧状に噴出するミスト冷房をつけるなど、さまざまなくふうをしています。

　子牛を市場で買ってきてから、20か月くらいで肉用牛として出荷します。このとき「うしの中山」のみなさんは、子牛を事故

▲ 牛がストレスを感じないようくふうされた牛舎。

なく無事に育てあげることができてよかったと、ほこらしい気持ちで送り出します。

＊肉用牛の飼育農家には、子牛を生ませて市場に出す繁殖農家と、肉用牛を育てる肥育農家がある。近年では両方おこなう農家も増えてきた。

⑤笠野原の歴史

1967（昭和42）年に高隈ダムが完成して笠野原にかんがい用水が引かれたことで、鹿屋市の農業は大きく変化しました。その歴史をふりかえってみましょう。

笠野原が一大農業地帯になった理由

飲み水のない不毛な土地

　笠野原は、6300haという広さのため、江戸時代のなかごろからさかんに開発がおこなわれてきました。しかし、台地の上では水が不足していて作物がつくれません。井戸を掘って水を得ようとしても、深さ60m掘ってようやく地下水がわいてくるようなありさまです。明治時代の後半に竹製の水道管をつくりましたが、飲み水としては使えませんでした。近代的な水道がとおり、台地の上で飲み水を得ることができるようになったのは、1927（昭和2）年に入ってからのことでした。

　それでもまだ、農業に必要な大量の水は、雨水にたよるような状況が続きました。しかし、太平洋戦争が終わったころ、転機が訪れます。

笠野原の開発（高隈ダムができるまで）

1704年 （宝永元年）	江戸時代のなかば、笠野原に はじめて人が住みはじめる。
1900年代 （明治時代後半）	長さ約8kmの竹製の水道「竹管水道」をとおす。 飲み水としては使えなかった。
1920年 （大正9年）	笠野原の開発が本格的にはじまる。
1925年 （大正14年）	水道工事にとりかかる。
1927年 （昭和2年）	近代的な水道をとおす。台地が碁盤の目に 区切られ、耕地が開かれる。
1945年 （昭和20年）	太平洋戦争が終わる。 農業用水はまだ、雨水にたよっていた。
1947年 （昭和22年）	台地の上に農業用水をとおすための 「笠野原畑地灌漑計画」がたてられる。
1955年 （昭和30年）	国の事業としてとりくむことが決まる。
1965年 （昭和40年）	高隈ダムの工事がはじまる
1967年 （昭和42年）	高隈ダムが完成する。
1980年 （昭和55年）	すべての工事が完了。総延長680km、 最大直径、1.35mのパイプをとおす。

▲ 土持堀の深井戸　掘られたのは江戸時代、1813（文化10）年〜1843（天保10）年ごろ。64mもの深さがあり、水をくみあげるのに牛に綱を引かせてくみあげていた。

笠野原の茶畑 かんがい用水がひかれたことでスプリンクラーで用水をまくことができるようになり、茶の栽培もさかんになった。

全国有数の一大農業地帯へ

太平洋戦争後、日本中が食糧難になっていたため、日本各地で食料を増やすための開発が急がれていましたが、笠野原がその第1号に選ばれたのです。国の事業として台地の上にかんがい用水が引かれることになりました。肝属川の支流の串良川【➡P.10】上流にダムをつくり、ダムと台地をパイプでつないで水を引いたのです。これにより、サツマイモなど限られた作物しかつくれなかった台地の上で茶やキャベツなどの栽培ができるようになりました。こうして不毛だった土地は、全国に農畜産物を届ける一大農業地帯に生まれかわったのです。

▲ **大隅湖** 笠野原のかんがい用につくられた周囲約10kmのダム湖。

▲ **高隈ダム**
笠野原の水源である。

さくいん

調べてみよう・訪ねてみよう

鹿児島県に行ったらぜひ、訪ねてみよう。火山とシラス台地のことがいろいろわかるよ！

鹿児島県立博物館

鹿児島県の火山や生きものについての紹介が充実。火山灰を顕微鏡で観察するコーナーにはぜひ立ちよってみよう。

いおワールドかごしま水族館

世界初、生きたサツマハオリムシの展示をおこなっている水族館。鹿児島湾（錦江湾）の生きものがたくさん紹介されている。

桜島ビジターセンター

桜島の噴火と成長の歴史、溶岩で埋めつくされた大地から植物が再生していくようす、桜島の防災活動などが楽しく学べる施設。

● **監修**

長谷川直子
（はせがわなおこ）

お茶の水女子大学文教育学部人文科学科地理学コース准教授。研究のかたわら、地理学のおもしろさを伝えるべく活動中。

山本健太
（やまもとけんた）

國學院大學経済学部経済学科教授。地域の伝統や文化と、経済や産業の関係について研究をしている。

宇根 寛
（うねひろし）

明治大学、早稲田大学、日本大学、青山学院大学、お茶の水女子大学非常勤講師。国土地理院地理地殻活動研究センター長などをつとめたのち、現職。専門は地形。

● **編集**
籔下純子

● **装丁・デザイン・イラスト・図版**
本多翔

● **編集・執筆**
目代邦康（P.14〜15）
籔下純子

● **写真**
藤原武史

● **たてものイラスト**
サンズイデザイン

● **校正**
水上睦男

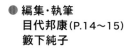
火山とシラス台地へ遊びにおいで！

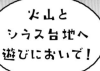

● **監修協力**
大富潤（鹿児島大学）／下司信夫（産業技術総合研究所地質調査総合センター）／平尾正樹（日本気象株式会社）／福島大輔（NPO法人桜島ミュージアム）／目代邦康（東北学院大学）

● **取材協力**
井口正人（京都大学防災研究所火山活動研究センター）／鹿児島県（土木部砂防課・土木部建築課・農政部畜産課）鹿児島市（危機管理局危機管理課・道路維持課）／笠野原土地改良区／鹿屋市役所（農政課・畜産課・林務水産課）／株式会社岩﨑興業／九州農政局南部九州土地改良調査管理事務所／小池美香・本村美香（鹿児島市立東桜島小学校）／小林松三郎（福山養殖）／佐々木章（いおワールド鹿児島水族館）／堂園英紀（みなと食堂本店）／轟日出男（鹿児島地方気象台）／矢羽田竜作（有限会社南橋商事）／柚野秀斗（うしの中山）／吉松正信（鹿屋市漁業協同組合）

● **写真協力**
公益社団法人鹿児島県観光連盟（表紙・P.4桜島・P.7・P.13下・P.27上・P.30桜島だいこん・P.31上）／九州電力山川発電所（P.7）／静岡県観光協会（P.15）／大富潤（P.17タギリカクレエビ・ハセイルカ・P.35インタビュー）／いおワールドかごしま水族館（P.17サツマハオリムシ2点）／JAXA（P.19空から見た桜島）／産業技術総合研究所地質調査総合センター火山灰データベース（P.19火山灰）／鹿児島市道路維持課（P.22上・P.23上右）／東條正博（P.23下）／京都大学火山活動研究センター（P.26観測坑道）／上宮田優子（P.28〜29人物）／福山養殖（P.33）／一般社団法人日本養豚協会（P.41ランドレース・大ヨークシャー・デュロック・バークシャー）／鹿児島県黒豚生産者協議会（表紙・P.40〜41かごしま黒豚）／有限会社うしの中山（P.42人物以外・P.43子牛の牛舎以外）／鹿屋市農政課（P.36・P.39スプリンクラー・P.45茶畑）

● **図版協力**
千秋社（P.6-7・P.10上・P.14上・P.16 右・P.32右2点）／産業技術総合研究所ホームページ　地質図Navi・絵で見る地球科学（P.9）／山本健太（P.10下・P.14）／NPO法人桜島ミュージアム（P.16左・P.18・P.19空から見た桜島）

● **参考**
『火山のきほん』（下司信夫・誠文堂部光社,2023）／『鹿屋市史』（鹿屋市史編集委員会編・鹿屋市,1995）／『聞書き　鹿児島県の食事』（日本の食生活全集　鹿児島編集委員会・農山漁村文化協会,1989）／『雨・雪・氷なぜできる？』（武田康男・菊池真以著・ポプラ社,2022）／『桜島！まるごと絵本　知りたい！錦江湾・桜島ジオパーク』（NPO法人桜島ミュージアム・さめしまことえ著・燦燦舎,2014）／『知っておきたい日本の火山図鑑』（林林太郎著・小峰書店, 2017）／『チバニアン誕生』（岡田誠著・ポプラ社,2021）／『みんなの桜島』（NPO法人桜島ミュージアム編著・南方新社,2011）／『わたしたちの鹿児島県』（鹿児島県小学校教育研究会社会科部会編・文渓堂,2023）

現地取材！日本の国土と人々のくらし⑦

火山とシラス台地のくらし 鹿児島県桜島・笠野原（さくらじま・かさのはら）

発行　2023年11月　第1刷

監　修　長谷川直子　山本健太　宇根 寛
発行者　千葉 均
編　集　崎山貴弘
発行所　株式会社ポプラ社
〒102-8519 東京都千代田区麹町 4-2-6
ホームページ　www.poplar.co.jp
　　　　　　　kodomottolab.poplar.co.jp（こどもっとラボ）
印刷・製本　図書印刷株式会社

あそびをもっと、まなびをもっと。

こどもっとラボ

現地取材！ 日本の国土と人々のくらし 全8巻

① あたたかい土地のくらし 沖縄県
監修／ 長谷川直子　山本健太

② 寒い土地のくらし 北海道
監修／ 長谷川直子　山本健太　宇根 寛

③ 雪国のくらし 新潟県十日町市・秋田県横手市
監修／ 長谷川直子　山本健太

④ 低い土地のくらし 岐阜県海津市・千葉県香取市
監修／ 長谷川直子　山本健太　宇根 寛

⑤ 高い土地のくらし 群馬県嬬恋村・長野県野辺山原
監修／ 長谷川直子　山本健太　宇根 寛

⑥ 山地のくらし 長野県飯田市
監修／ 長谷川直子　山本健太　宇根 寛

⑦ 火山とシラス台地のくらし 鹿児島県桜島・笠野原
監修／ 長谷川直子　山本健太　宇根 寛

⑧ 国境のくらし 長崎県対馬市
監修／ 長谷川直子　山本健太　宇根 寛

小学校高学年以上

N.D.C.291／A4変型判／各47ページ／オールカラー
図書館用特別堅牢製本図書

日本のさまざまな地形

地形とくらし

人工衛星から見た地球は丸いボールのようですが、わたしたち人間の目で見ると、地球の表面はなめらかではなく、海や山や谷など凹凸があります。この地形が、気候やわたしたちのくらしに大きなかかわりをもっています。

日本の国土は、山が多く、火山も多くあります。山地は日本列島を南北に背骨のように連なり、平地は少ないのが特徴です。そのため、地域によって気候が変わり、人びとのくらしぶりにも変化をもたらせたのです。

さまざまな地形

山地	標高が高く、山が集まっている地形。山地には、山脈、高地、高原、丘陵、火山などがある。
山脈	山が連続して、細長く連なっている山地。
高地	標高が高く、高低差がそれほど大きくないところ。
高原	標高の高いところに、平らに広がっている土地。
丘陵	低地の周辺にあり、標高がそれほど高くない場所。
火山	地下のマグマが、噴きだしてできた山。

平地	地面の凹凸が少なく、平らな土地。平地には、平野、盆地、台地、低い土地がある。
平野	河川の下流にある平地で、海面より高さが低い土地もある。
盆地	周囲を山にかこまれている平らな場所。
台地	平地の中で、台のように高く平らになっている土地。

大阪平野

飛驒山脈 ▶6巻

中国山地

播磨平野

木曽山脈 ▶6巻

筑紫山地

筑紫平野

九州山地

桜島 ▶7巻

宮崎平野

笠野原 ▶7巻

四国山地

紀伊山地

濃尾平野 ▶4巻

伊那山地

牧ノ原 ▶7巻

赤石山脈 ▶6巻